FÁBRICAS E HOMENS
A Revolução Industrial e o cotidiano dos trabalhadores

FÁBRICAS E HOMENS
A Revolução Industrial e o cotidiano dos trabalhadores

EDGAR DE DECCA
CRISTINA MENEGUELLO

Coordenação:
Marly Rodrigues
Maria Helena Simões Paes

5ª EDIÇÃO

Conforme a nova ortografia

Copyright © Edgar de Decca.
Cristina Meneguello, 1999.

Saraiva Educação Ltda.
Rua Henrique Schaumann, 270 — Pinheiros
05413-010 — São Paulo — SP

SAC | 0800-0117875
De 2ª a 6ª, das 8h30 às 19h30
www.editorasaraiva.com.br/contato

Dados Internacionais de Catalogação na Publicação (CIP)
(Câmara Brasileira do Livro, SP, Brasil)

Decca, Edgar de
  Fábricas e homens: a Revolução Industrial e o cotidiano dos trabalhadores / Edgar de Decca, Cristina Meneguello; coordenação Marly Rodrigues, Maria Helena Simões Paes. — São Paulo : Atual, 2009. — (História Geral em Documentos)

  Inclui roteiro de leitura.
  Bibliografia.
  ISBN 978-85-7056-979-0

  1. Fábricas — História 2. Industrialização 3. Indústrias — História 4. Trabalho e classes trabalhadoras — História I. Meneguello, Cristina. II. Rodrigues, Marly. III. Paes, Maria Helena Simões. IV. Título. V. Série.

CDD-909.81

Índices para catálogo sistemático:
1. Fábricas : Século 19 : História   909.81
2. Revolução Industrial : Século 19 : História   909.81
3. Trabalhadores : Século 19 : História   909.81

7ª tiragem, 2016

Coleção **História Geral em Documentos**

Gerente editorial: Wilson Roberto Gambeta
Editor: Henrique Félix
Assessora editorial: Jacqueline F. de Barros
Coordenadora de preparação de texto: Maria Cecília F. Vannucchi
Revisão: Pedro Cunha Jr. e Lilian Semenichin (coords.) /
Veridiana Cunha
Valéria Franco Jacintho
Pesquisa iconográfica: Cristina Akisino
Gerente de arte: Edilson Félix Monteiro
Editor de arte: Celson Scotton
Chefe de arte: Renata Susana Rechberger
Editoração eletrônica: Silvia Regina E. Almeida (coord.)

Colaboradores

Projeto gráfico: Ethel Santaella
Projeto gráfico de capa: Cláudia Scatamacchia
Capa: Usinas siderúrgicas Borsig, Berlim, por volta de 1845
(Museu de Berlim)
Preparador de texto: Ronaldo Antonelli
Impressão e acabamento: Gráfica Bueno Teixeira

Todas as citações de textos contidas neste livro estão de acordo com a legislação, tendo por fim único e exclusivo o ensino. Caso exista algum texto a respeito do qual seja necessária a inclusão de informação adicional, ficamos à disposição para o contato pertinente. Do mesmo modo, fizemos todos os esforços para identificar e localizar os titulares dos direitos sobre as imagens publicadas e estamos à disposição para suprir evetnual omissão de crédito em futuras edições

Quando o apito da fábrica de tecidos
Vem ferir os meus ouvidos
Eu me lembro de você
Mas você anda sem dúvida bem zangada
E está interessada
Em fingir que não me vê

Você que atende ao apito de uma chaminé de barro
Por que não atende ao grito tão aflito da buzina do meu carro

Você no inverno sem meias vai pro trabalho
Não faz fé com agasalho
Nem no frio você crê
Mas você é mesmo artigo que não se imita
Quando a fábrica apita
Faz reclame de você

Nos meus olhos você vê
Como eu sofro cruelmente com ciúmes do gerente impertinente que dá ordens
                                                                    [a você

Sou do sereno poeta muito soturno
Vou virar guarda-noturno
E você sabe por quê
Enquanto você faz pano
Faço junto do piano esses versos pra você

(Noel Rosa, 'Três apitos'.)

Nota do Editor: A qualidade da reprodução fotográfica de alguns documentos pode ter sido comprometida pelo estado dos originais.

Os documentos escritos em inglês em sua maioria foram traduzidos para o português diretamente por Cristina Meneguello.

SUMÁRIO

Parte I

Introdução _____ 11

Parte II

Documentos _____ 23
   1. A vida antes da Revolução Industrial _____ 25
   2. As fábricas _____ 34
   3. O crescimento das cidades _____ 46
   4. Lazer e organização política dos trabalhadores ___ 58
   5. Considerações finais _____ 68

Apêndice

Vocabulário _____ 71
Cronologia _____ 74
Para saber mais _____ 76
Bibliografia _____ 78

PARTE I

Introdução

A permanente transformação

As máquinas estão a tal ponto presentes em nosso dia-a-dia que mal percebemos o quanto se acham integradas ao mundo em que vivemos. Sem elas, não existiria a maioria dos produtos que consumimos ou utilizamos, grande parte de nossas tarefas não poderia ser executada, nosso lazer seria diferente e novas máquinas não sairiam da prancheta dos projetistas. As máquinas influenciam desde a maneira como utilizamos nosso tempo até o modo como desenvolvemos nossas atividades profissionais, domésticas, escolares e sociais.

De certa forma, as máquinas dão a impressão de que tornam nossa vida mais simples, eficiente e agradável, e de que sem elas o cotidiano perderia todo o sentido. Automóveis, telefones e televisores, por exemplo, são cada vez mais indispensáveis em nossa rotina diária. Por outro lado, sua existência também nos acarreta sérios problemas, como a poluição do ar, causada em grande parte pelos automóveis, e a dos rios, decorrente sobretudo do lançamento de resíduos industriais nas suas águas.

Ao pensar sobre isso, você com certeza se lembrará de muitos outros exemplos da utilização das máquinas em nossa realidade, e provavelmente achará difícil imaginar a vida sem elas. Entretanto, a sociedade nem sempre viveu como hoje, e o acontecimento histórico que inaugurou esse novo tempo foi a Revolução Industrial ocorrida na Inglaterra a partir de meados do século XVIII.

Antes desse período, a maioria das pessoas vivia no campo ou em vilarejos. Trabalhavam em pequenos grupos e produziam, em pequena escala, aquilo de que precisavam — alimentos, roupas e objetos. Havia grandes cidades, porém eram cidades comerciais e principalmente cidades capitais, ou seja, centros do poder político dos reinos. Os centros urbanos como grandes aglomerados de pessoas, muitas delas vivendo em condições precárias, apenas começaram a se multiplicar com o desenvolvimento das fábricas.

No final do século XVIII, com a intensificação dos cercamentos* dos campos, realizados por grandes proprietários, os camponeses perderam suas terras. Muitas delas, anteriormente desfrutadas por todos (terras comunais), foram declaradas de posse privada, e as pessoas que viviam no campo passaram a ser severamente punidas se plantassem, colhessem, caçassem ou mesmo recolhessem lenha nesses locais.

Simultaneamente, a invenção das máquinas movidas a vapor trouxe enormes conseqüências sociais, entre as quais uma nova forma de organizar o trabalho: a atividade artesanal doméstica foi sendo progressivamente substituída pelo trabalho dentro das fábricas.

Antes do surgimento das fábricas existiam as manufaturas*, nas quais um número pequeno de trabalhadores executava suas atividades com o auxílio de ferramentas. Nesse tipo de unidade de produção já havia minuciosa divisão do trabalho, e cada trabalhador desenvolvia tarefas específicas. O escocês Adam Smith, o mais famoso economista do século XVIII, cunhou a expressão "divisão do trabalho" para descrever as inúmeras tarefas necessárias à produção de uma manufatura. Para mostrar como se poderia trazer racionalidade e eficiência à produção, criou um célebre exemplo de divisão do trabalho numa manufatura de alfinetes, na Inglaterra:

> *Um operário desenrola o arame, um outro o endireita, um terceiro o corta, um quarto faz as pontas, um quinto o afia nas pontas para a colocação da cabeça do alfinete; para fazer uma cabeça de alfinete requerem-se 3 ou 4 operações*

---
* As palavras com asterisco são definidas no Vocabulário, no final do livro.

diferentes; montar a cabeça já é uma atividade diferente, e alvejar os alfinetes é outra; a própria embalagem dos alfinetes também constitui uma atividade independente. Assim, a importante atividade de fabricar um alfinete está dividida em aproximadamente 18 operações distintas [...] Por conseguinte, essas 10 pessoas conseguiram produzir entre elas mais do que 48 mil alfinetes por dia [...] Se, porém, tivessem trabalhado independentemente um do outro [...] certamente cada um deles não teria conseguido fabricar 20 alfinetes por dia, e talvez nem mesmo 1 [...]

(A riqueza das nações — Investigação sobre sua natureza e suas causas. 1996. p. 66.)

Se nas manufaturas a habilidade do trabalhador no manejo das ferramentas era imprescindível, com a invenção das máquinas essa habilidade deixou de ser fundamental para o processo de produção.

O trabalhador que foi para a fábrica não era dono de nada que lá existia. Não era dono das matérias-primas[*] nem do dinheiro necessário para comprá-las. Não era dono das máquinas e tampouco dos produtos finais que ajudava a fabricar. Os trabalhadores que serviam de mão-de-obra para as fábricas eram, em grande parte, os camponeses que tinham perdido suas terras e se tornaram, respeitadas as diferenças históricas, os sem-terra da época da Revolução Industrial. Existiam também aqueles que buscavam melhor oportunidade de vida nas cidades porque seu ofício havia perdido a importância diante das máquinas, capazes de produzir mais e com maior rapidez. Por exemplo, com a primeira máquina moderna de fiação, conhecida como "Jenny", uma pessoa sozinha realizava o trabalho de doze fiandeiras.

Sendo donos apenas de sua força de trabalho, os trabalhadores das primeiras fábricas transformaram-se em operários, empregados de algum dono de fábrica, perdendo sua independência. Em troca de um salário muito baixo, tinham de trabalhar de dez a doze horas por dia, sempre com medo de perder o emprego, uma vez que, caso cometessem alguma falta ou desagradassem a seus chefes e patrões, poderiam ser substituídos pelos inúmeros trabalhadores desempregados. A necessidade de sobrevivência de grande parcela da população levou para as fábricas também mulheres e crianças, que trabalhavam tanto quanto os homens, porém recebiam salários menores. Nas cidades modernas, tais condições impostas pelas fábricas eram em parte responsáveis pelos focos de pobreza nos bairros centrais, habitados pelos operários.

Prós e contras do progresso industrial

Desde o início da Revolução Industrial houve quem julgasse que o progresso e a riqueza criados pelas fábricas eram responsáveis também pelas péssimas condições de vida dos trabalhadores e pela pobreza das cidades. Havia, porém, os que discordavam desse ponto de vista.

Entre os que se posicionaram a favor do progresso estava o economista Adam Smith, que, em 1776, escreveu o importante tratado de economia, cujo título, já citado, é *A riqueza das nações — Investigação sobre sua natureza e suas causas*. Para ele, o progresso traria benefícios a todos e, no devido tempo, eliminaria as más condições de vida.

Décadas mais tarde, em 1835, outro entusiasta do sistema de fábricas, Andrew Ure, escreveu um tratado sobre o tema. Para esse autor, não havia defeitos no sistema de fábricas:

> *Em minha recente viagem, que durou vários meses, através dos distritos fabris, vi dezenas de milhares de velhos, jovens e pessoas de meia-idade de ambos os sexos, muitos deles fracos para ganhar o pão de cada dia por qualquer um dos métodos de trabalho anteriores, ganhando comida abundante, vestimenta e acomodação doméstica, sem transpirar por um único poro, protegidos do sol do verão e do frio do inverno, em apartamentos mais arejados e salubres que aqueles da metrópole, onde nossas aristocracias legislativas e do momento se reúnem. [...] Na maioria das fábricas, as partes perigosas da maquinaria são tão bem isoladas que*

seria quase impossível acontecer um acidente; e quando um acontece, o que é muito raro, é geralmente devido a alguma negligência grave ou má-conduta da pessoa ferida.

(*The philosophy of manufactures or an exposition of the scientific, moral and commercial economy of the factory system of Great Britain*, p. 18 e 402-3).

Muitos, porém, criticaram os resultados do progresso trazidos pela Revolução Industrial. Entre eles destacamos os filósofos alemães Karl Marx e Friedrich Engels. Engels escreveu *A situação da classe trabalhadora na Inglaterra* com o objetivo de descrever como viviam as "vítimas" da industrialização. Segundo ele, visitar uma grande cidade industrial era impressionante, mas

quanto aos sacrifícios que tudo isso custou, só os descobrimos mais tarde [...] só então começamos a notar que [...] tiveram que sacrificar a melhor parte de sua qualidade de homens para realizar todos esses milagres da civilização.

(p. 55-6)

Engels escreveu também, em 1848, juntamente com Karl Marx, o *Manifesto comunista*, lançando as bases do comunismo*, doutrina que pregava a transformação da sociedade e a idéia de que os trabalhadores explorados nas fábricas, por serem os verdadeiros produtores de riqueza, deveriam se tornar os principais beneficiários do progresso. Os autores finalizavam o *Manifesto* clamando: "Trabalhadores de todos os países, uni-vos!".

Em oposição aos autores citados anteriormente, Marx e Engels descreveram as terríveis condições que cercavam o trabalho nas fábricas e a vida dos trabalhadores nas cidades. Para eles, toda a riqueza era obtida à custa do sofrimento dos operários. Só visitando os cortiços em que viviam os trabalhadores se poderia ter a real dimensão da miséria humana por trás de um sistema que parecia tão benéfico. Nascia, assim, uma longa discussão, que se prolonga até hoje, sobre as conseqüências do progresso econômico.

Para alguns, principalmente aqueles que se beneficiaram da riqueza produzida pelas indústrias, o progresso econômico deveria ser o objetivo maior de todas as nações. Afinal, a seus olhos, as indústrias davam emprego àquela massa de "desocupados" (mendigos, andarilhos, etc.) que vagavam pelos campos, e ensinavam aos trabalhadores, acostumados a trabalhar conforme seu próprio ritmo, o valor da rotina, da disciplina e da organização.

Havia, além disso, parcelas da população sem relação direta com o trabalho nas fábricas e que, mesmo assim, se sentiam beneficiadas pelo avanço industrial: os comerciantes urbanos, que aumentaram o volume de suas vendas pelo crescimento e diversificação da produção industrial, e os donos de bancos, que puderam aplicar as fortunas que foram se constituindo com a industrialização. Outros profissionais também tiveram suas atividades impulsionadas pelo crescimento das cidades, como engenheiros e arquitetos, que se tornaram responsáveis pela construção de casas, fábricas e obras públicas como estradas de ferro, pontes, ruas e grandes edificações (prefeituras, bolsas de mercadorias, igrejas, escolas, hospitais), ao lado de profissionais liberais como advogados e médicos. Enfim, inúmeros segmentos da sociedade eram beneficiados pela nova ordem social e pelo progresso econômico trazido pela industrialização.

Por sua vez, o trabalhador, que antes atuava em grupos pequenos e exercia funções que exigiam muita habilidade, viu-se jogado entre centenas de trabalhadores em ambientes escuros e sufocantes, nos quais as máquinas ditavam o ritmo da atividade. Para viver próximo ao local de trabalho (as fábricas, em geral, ficavam no centro das cidades), amontoavam-se com suas famílias em casas de um único cômodo, localizadas em bairros sujos, onde não havia água encanada e o esgoto corria a céu aberto. Eram expostos ao frio e às doenças e, nos períodos em que as indústrias não vendiam bem sua produção, estavam sujeitos ao desemprego e à fome.

Assim, desde o início da Revolução Industrial a sociedade moderna se viu diante do dilema colocado pelo progresso econômico: ao mesmo tempo que ele proporciona o bem-estar para uma parte da sociedade, traz pobreza para outra, aumentando a desigualdade social. Muitos lutavam para que o sistema de fábrica fosse regulamentado por leis, e muitos sonhavam com um mundo mais justo, o que originou os movimentos operários, como o socialismo[*] e o anarquismo[*].

O debate permanece. Há os que acreditam que o progresso econômico irá aos poucos melhorar a vida de todos e, assim sendo, todos devem respeitar as regras impostas pela sociedade industrial, buscando melhorar a própria vida sem contar com a ajuda de ninguém. Outros crêem que o progresso, em si, não traz o bem-estar para todos, devendo os dotados de melhores condições ajudar os necessitados por meio da filantropia*, organizando campanhas de solidariedade, de ajuda às crianças abandonadas, contra a fome, etc. Outros ainda consideram que o progresso trazido pela Revolução Industrial gera problemas sociais graves, pelos quais o Estado deve se responsabilizar, criando leis e instituições que beneficiem a todos (previdência social, sistema público de saúde, de educação, de moradia, salário-desemprego, etc.). Existem, por fim, os que sonham com uma sociedade sem patrões nem empregados, na qual todos teriam igual acesso a tudo, como numa grande comunidade.

Por essa razão, ao estudarmos a Revolução Industrial, acabamos por tomar uma posição diante das mudanças que ela produziu e continua produzindo. Poucos temas da história têm a capacidade de mobilizar assim nossa consciência: afinal, a Revolução Industrial não é um tema apenas do passado, e seus resultados ainda estão bastante presentes em nossa vida. Continuamos cada vez mais dependentes das máquinas que nos rodeiam; nas fábricas (muito mais modernas e com tecnologias avançadas), ainda hoje os trabalhadores são assalariados.

Se você vai à escola ou ao trabalho de carro, mora em um bom bairro residencial e tem em casa todos os eletrodomésticos de que necessita, se pode fazer turismo, viajando em aviões a jato, e freqüenta os *shoppings*, deslumbrando-se com as maravilhosas máquinas eletrônicas e outros produtos ali expostos, você pode se considerar alguém que se beneficiou com os resultados da Revolução Industrial, embora talvez more em uma cidade poluída, enfrente um trânsito infernal, sinta medo de sair às ruas devido à violência urbana e procure evitar o contato com a pobreza exposta aos olhos de quase todos. Entretanto, nem todos podem usufruir de todas essas vantagens do progresso econômico, e muitos ficam indignados com as injustiças sociais. O estudo da Revolução

Industrial irá ajudá-lo a compreender por que houve um grande número de homens e mulheres que, em busca de um mundo melhor, lutaram para modificar e transformar as condições de vida e de trabalho.

Utilizando documentos para estudar a Revolução Industrial

Neste livro, você vai se transportar para a época da Revolução Industrial, em que todos esses problemas estavam sendo vividos e discutidos pela primeira vez. Nossa intenção é apresentar, por meio de documentos, as percepções e opiniões sobre esse acontecimento de importância crucial para o destino de nossa sociedade.

Geralmente, o termo "revolução" é utilizado para designar movimentos políticos ou sociais que visam à derrubada de um governo ou regime, ou se opõem à situação dominante. Porém, na expressão "Revolução Industrial", esse termo adquire outro sentido: o de uma transformação sem precedentes, na qual o modo de vida, as cidades e o trabalho mudaram de maneira drástica e rápida, chegando a assustar aqueles que a viveram. Tal expressão, nesse sentido, foi popularizada pelo historiador Arnold Toynbee (1852-83). Embora alguns autores afirmem que as importantes mudanças ocorridas foram apenas o resultado natural de um longo processo que atingiu seu auge nesse período, acreditamos que a Revolução Industrial representou uma mudança sem paralelo, difícil de descrever, uma alteração definitiva das formas de trabalho e do modo de vida.

Propomos que você acompanhe as transformações trazidas pela Revolução Industrial analisando documentos históricos. Lembre-se, entretanto, de que os documentos são fruto de uma escolha do historiador, que, no exercício de seu ofício, os analisa e apresenta de acordo com a questão que busca estudar. Assim, neste livro elegemos observar essas transformações adotando o ponto de vista dos trabalhadores: acompanhar as mudanças na organização e nas relações de trabalho, bem como o nascimento da cidade industrial, procurando descrever suas condições de vida e de habitação, enfatizando o cotidiano operário e a importância de sua organização política, mas também de seu lazer e sua cultura. O que significava viver nas cidades, trabalhar nas fábricas? Como viviam os trabalhadores? O que faziam quando não estavam trabalhando? Como se divertiam?

Nosso objetivo é que, ao trabalhar com os documentos, você os conheça e exercite sua capacidade de análise e crítica, podendo então elaborar sua própria interpretação da Revolução Industrial. Assim, neste livro você não encontrará uma explicação pronta dos acontecimentos históricos da Revolução Industrial — aliás, não existe versão definitiva de nenhum acontecimento histórico, nem há uma verdade única na história. A opinião que você formará provavelmente não será a mesma de seus colegas. É por meio desse confronto de opiniões que se enriquece o conhecimento sobre o passado, que não se dá por mera curiosidade, mas é impulsionado por questões que vêm nos incomodar todas as vezes que tomamos conhecimento do que acontece na história ou procuramos entender nosso presente.

Entretanto, ao ler os documentos, você deverá tomar cuidado. Mesmo não concordando com o que está escrito, procure entender que eles expressam opiniões e idéias de pessoas que viveram uma época diferente da nossa e não tinham uma "bola de cristal" para saber como seria o futuro. Ao estudar história, evite se tornar um juiz do passado. Em vez de julgar os eventos como certos ou errados, procure entender como os homens e as mulheres de então viveram e avaliaram suas experiências. Isso o fará refletir sobre novos caminhos e soluções para você e para a sociedade em que está integrado.

Para conhecer o passado, não existe outro caminho senão o dos documentos. Eles são tudo o que pertenceu ao passado e chegou até nós. Para a história, utensílios, papéis oficiais, livros, quadros, desenhos, músicas, cartas, enfim, todas as criações humanas que, tendo sobrevivido até hoje, revelam uma parte da vida dos homens de determinada época são considerados documentos. Em nossa sociedade, os documentos de um passado mais distante — como a época da Revolução Industrial — podem estar hoje guardados em arquivos, museus, bibliotecas, ou estar visíveis para todos nós, nas cidades: são as antigas fábricas, os bairros operários, as estradas de ferro, etc. Neste livro você tomará contato com diversos documentos que serviram para os historiadores criarem a história da Revolução Industrial. Vai analisar quadros, trechos de romances, de memórias, panfletos operários, relatórios oficiais de inspetores de saúde, canções e, por meio deles, observar como a vida e o trabalho das pessoas, especialmente dos trabalhadores, sofreram uma drástica transformação com o surgimento das fábricas e das cidades industriais.

Como já foi dito, fizemos uma seleção entre as fontes históricas possíveis. Na verdade, trata-se de uma pequena amostra do material disponível aos historiadores quando fazem uma pesquisa. Procuramos, por meio de legendas, ajudá-lo a entender melhor o que os documentos mostram. Lembra-se de que afirmamos existirem diferentes versões para um acontecimento e que nenhuma é definitiva, já que cada documento do passado é um ponto de vista particular de uma pessoa ou de um grupo? Por exemplo, se fizéssemos uma pesquisa sobre a Revolução Industrial utilizando apenas documentos ou registros de donos de fábricas, comerciantes, banqueiros e homens de negócio, o fato seria apresentado como um acontecimento de grande sucesso. Não veríamos os trabalhadores pobres como vítimas da industrialização, mas como responsáveis pela própria pobreza, inconseqüentes, baderneiros, beberrões ou preguiçosos, resistentes à disciplina e à educação. Entretanto, utilizando documentos produzidos exclusivamente pela classe operária, a Revolução Industrial surge como algo que trouxe desgraça e miséria, já que esses documentos falam da saudade da vida no campo que os trabalhadores sentiam, do patrão como uma pessoa insensível, que não conhecia a realidade de seus empregados nem se importava com ela, e do sonho de uma sociedade mais justa e comunitária como única saída possível.

Enfim, o historiador examina diferentes documentos e os confronta para chegar a uma interpretação do passado. A reconstrução do acontecimento histórico aparece, portanto, por meio das perguntas que o pesquisador faz aos documentos.

PARTE II

Documentos

CAPÍTULO 1

A vida antes da Revolução Industrial

A Inglaterra antes da Revolução

Vamos aqui descrever, em linhas gerais, o que possibilitou à Inglaterra ser o país onde primeiro ocorreu a Revolução Industrial e mostrar como as pessoas interpretaram esse fato de diferentes maneiras.

Ao longo do século XVIII a Inglaterra ganhou poderio devido à conquista de colônias e novos mercados por meio da navegação, obtendo riquezas que foram aplicadas internamente. Além disso, era um país rico em carvão e ferro (necessários para a indústria), possuía muitos canais fluviais que serviam para o transporte de mercadorias e não tinha tarifas internas, o que favorecia muito o comércio. Havia ainda a forte influência do Protestantismo[*], sobretudo da linha de orientação calvinista, que não condenava o lucro e afirmava não haver nada de mal em se buscar a posse de bens materiais aqui na Terra, já que o trabalho era algo nobre que merecia recompensa. Tudo isso estimulava as atividades comerciais e industriais.

Outro aspecto importante, que já comentamos, foi o fato de os pequenos camponeses terem perdido o direito de uso das terras comunais, que foram acumuladas pelos grandes proprietários. Estes as utilizavam predominantemente como pastos para a criação de ovelhas produtoras de lã e, quando as cultivavam, procuravam obter delas maior rendimento por meio do uso das primeiras máquinas agrícolas. A posse de terra trouxe a eles riqueza e influência política. Os camponeses não tinham mais como cultivar o próprio alimento; portanto, muitos ficaram sem terra e sem trabalho e se mudaram para as cidades, onde as fábricas começavam a surgir e a demandar muita mão-de-obra.

Ocorria também um grande avanço tecnológico, com a invenção de processos e máquinas que alteravam atividades tradicionais, como a extração nas minas e a fiação. A primeira indústria a se mecanizar (ou seja, a utilizar máquinas para fazer produtos) foi a têxtil de algodão. Nas primeiras fábricas, as máquinas eram movidas a água; porém, o aperfeiçoamento da máquina a vapor por James Watt, em 1769, veio trazer maior capacidade e força às fábricas, que conseqüentemente aumentaram a demanda por carvão e ferro (necessários para movimentar as máquinas existentes e construir novas). Também cresceu o número de indústrias que complementavam a atividade têxtil, como a de mineração, a metalúrgica e a química.

A Revolução Industrial proporcionou inovações tecnológicas que alteraram o modo como eram feitos os objetos, as construções e as ferramentas. Também ampliou as possibilidades de transporte e comunicação, com o surgimento do navio a vapor e das ferrovias. Para se ter uma idéia, entre a década de 1760 e o final do século XVIII, uma viagem de trem entre as cidades britânicas de Londres e Glasgow, que demorava doze dias, passou a ser feita em "apenas" 62 horas.

Primeira locomotiva a vapor, de Stephenson.
(T. S. Ashton, A Revolução Industrial, *p. 112.)*

O combatente Temeraire, *de J. M. William Turner (1775-1851). Neste quadro, Turner representa a substituição da navegação à vela pela tecnologia do vapor. Numa imagem melancólica, o antigo navio de guerra segue rebocado pelo pequeno barco negro. (National Gallery London Publications,* British Paintings.*)*

A população aumentou muito com a queda da taxa de mortalidade, e as cidades cresceram em proporções jamais vistas. O aumento da população chegou a causar apreensão: uma teoria muito difundida na época, criada pelo economista Thomas R. Malthus em 1798, afirmava que a população mundial crescia muito mais rapidamente que a capacidade dos países de produzir alimentos. Assim, ele concluía que não se deveria fazer nada para melhorar o padrão de vida da população, pois, se todos sobrevivessem, muitos morreriam de fome mais cedo ou mais tarde.

Quanto às cidades, muitas surgiram com a industrialização, enquanto outras, já existentes, aumentaram várias vezes de tamanho. No século XIX essa intensa transformação urbana fez da nação inglesa a primeira sociedade urbanizada do mundo (entendendo-se sociedade urbana como aquela em que a maior parte da população vive nas cidades). Para avaliar essa evolução basta lembrar que, em 1801, apenas um quinto da população inglesa vivia em cidades, ao passo que, cinqüenta anos mais tarde, conforme demonstrou o censo inglês de 1851, a população urbana já era muito maior que a rural.

Como veremos, a Revolução Industrial ainda provocou transformações importantes no sistema de trabalho e no modo de vida das pessoas que, habituadas a uma existência rural, tiveram de se adaptar a uma maneira de viver urbana. As cidades, antes vilarejos voltados para o comércio, converteram-se em verdadeiras "florestas de chaminés" de fábricas poluídas, onde uma grande multidão se acotovelava pelas ruas. Os relógios, antes existentes apenas nas torres das igrejas, multiplicaram-se e passaram a ditar o ritmo diário dos trabalhadores: o tempo passou a ser dinheiro. Assim, pode-se dizer que a Revolução Industrial produziu uma profunda modificação na vida das pessoas, em sua maneira de trabalhar, de viver, de se relacionar com os outros, de se divertir e, enfim, de compreender o mundo.

A vida antes das fábricas: cotidiano e trabalho

Antes da Revolução Industrial inglesa, a maior parte das pessoas na Europa vivia nas áreas rurais, produzindo para seu próprio sustento e organizando sua vida de acordo com a natureza e as atividades que praticavam (plantações, colheitas, criação de animais, etc.).

A quermesse no povoado, *do pintor holandês David Teniers (1610-1690). Riksmuseum, Amsterdã, Holanda. (Louis-Henri Parias, op. cit., p. 369.)*

O quadro da página anterior, do século XVII, retrata um dia de festa em um vilarejo. Observe como homens, mulheres e crianças vivem próximo à área rural e como se divertem ao ar livre, comendo, ouvindo música ou dançando.

No período anterior à Revolução Industrial, eram comuns as festas religiosas e as festas do trabalho que aconteciam ao final da colheita da safra agrícola. Nesse período ainda não existia uma separação rígida entre tempo de trabalho e tempo de lazer ou descanso. Muitas atividades do trabalho rural eram exercidas ao som de canções, que também serviam para dar ritmo à execução das tarefas.

No quadro abaixo, do mesmo período, podemos observar mercadores da cidade atravessando o campo e conversando com os camponeses. As cidades e o comércio já existiam, mas grande parte da população vivia nos campos, criando gado ou ovelhas e cultivando a maioria dos produtos necessários para seu próprio consumo. Apenas o excedente da produção agrícola e algumas peças de artesanato* eram comercializados nas cidades e vilas.

Os mercadores da cidade no campo, *do pintor holandês Jan Bruegel (1569-1625). (Louis-Henri Parias, op. cit., p. 331.)*

Antes do sistema fabril, as pessoas trabalhavam artesanalmente e em pequenos grupos, geralmente uma família e seus dependentes, que se especializavam na confecção de determinado produto. O artesão era independente, dono da oficina e das ferramentas nela utilizadas, e auxiliado por aprendizes aos quais ensinava aos poucos as etapas do serviço, até que se tornassem oficiais; esses grupos de trabalho se reuniam em *associações, corporações de ofício* (pois todos aprendiam o mesmo ofício) ou ainda *guildas*, que tinham uma produção predeterminada. Desde o século XV havia também o sistema de manufatura, no qual aquele que fabricava, por não conseguir vender sua produção por conta própria, acabava se ligando a um comerciante, que vendia seus produtos e fornecia a matéria-prima para que os camponeses realizassem em suas casas todas as etapas da produção. Por exemplo, o artesão recebia meadas de lã de carneiro e, após um processo complexo, produzia tecidos.

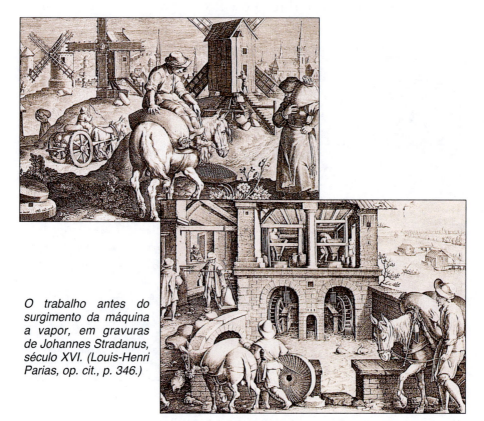

O trabalho antes do surgimento da máquina a vapor, em gravuras de Johannes Stradanus, século XVI. (Louis-Henri Parias, op. cit., p. 346.)

Os desenhos de Johannes Stradanus que aparecem na página anterior mostram como se realizavam algumas das principais atividades antes da chegada de invenções como a máquina a vapor. O primeiro desenho mostra o moinho movido a vento, ao qual as pessoas levam sacas de trigo para transformá-lo em farinha. O outro desenho também mostra um moinho, só que movido pela força da água.

Ofícios tradicionais antes da Revolução Industrial. (Louis-Henri Parias, op. cit., p. 469.)

Os desenhos acima, feitos na França também no século XVI, apresentam artesãos e seus ofícios. No primeiro, o ceramista observa o pote já pronto e ornamentado. Note que ele está sentado diante da roda utilizada para moldar o pote na argila, que depois é levado ao forno. No segundo, os ferreiros malham (batem e moldam) o ferro ainda incandescente. Note o forno logo atrás, onde o material é aquecido, e, penduradas sobre ele, algumas ferramentas já prontas, entre as quais um martelo e um boticão (uma espécie de alicate também utilizado para arrancar dentes). Observe também que os ferreiros estão finalizando uma armadura, da qual algumas peças já prontas se encontram no chão, como o corpo, as luvas e o capacete.

Por fim, observe o quadro abaixo, do famoso pintor espanhol Velázquez, que viveu no século XVII.

As fiandeiras, de Diego Velázquez (1599-1660): Museu do Prado, Madri, Espanha. (Louis-Henri Parias, op. cit., p. 378.)

Ele retrata uma atividade muito comum antes da Revolução Industrial: a das fiandeiras. Observe que o pintor retratou as várias etapas do processo de fiação necessárias para a execução de uma peça de tapeçaria. Uma moça abaixada recolhe os novelos com a lã, que se transformará em um carretel de linha quando for fiada na roca (na qual está trabalhando uma velha senhora). Outras fiandeiras preparam o novelo com o fio já pronto, que será usado para bordar a tapeçaria, enquanto ao fundo se exibe uma cena em que pessoas admiram uma tapeçaria já pronta, pendurada na parede. Você pode comparar as fiandeiras, ocupadas em seu trabalho e vestidas de maneira simples, com as mulheres da cena ao fundo, bem vestidas e ocupadas apenas em conversar. Uma delas parece olhar em nossa direção, talvez observando as fiandeiras ou, talvez como tenha planejado o artista, fitando aquele que contempla o quadro.

Na manufatura representada nesse quadro, todos os equipamentos são movidos manualmente. Já existe a divisão do trabalho em tarefas, e o resultado da produção, ou seja, a tapeçaria, depende da habilidade e da arte das fiandeiras.

Deve-se enfatizar que a Revolução Industrial e as máquinas provocaram uma alteração completa nessa maneira de trabalhar, levando às últimas conseqüências a divisão das tarefas, a velocidade de realização do trabalho e a quantidade de mercadorias produzidas. As pessoas gradativamente deixariam de trabalhar em suas casas e em pequenos grupos, passando a trabalhar em fábricas para um único patrão em troca de salários.

CAPÍTULO 2

As fábricas

A presença das máquinas

A máquina e o sistema de fábrica transformaram a vida e o trabalho tradicionais. Segundo o historiador inglês E. P. Thompson, a própria maneira de perceber o tempo foi alterada pelo surgimento da máquina e do sistema fabril. A classe trabalhadora precisava ser disciplinada para aceitar o tempo medido pelo relógio e se habituar a ele. Nas sociedades pré-industriais o tempo era contado, medido e organizado em função das tarefas que se deviam realizar, ou seja, ligava-se aos ritmos da natureza, como o dia e a noite, o período de chuvas e de secas, o fluxo das marés, as fases da lua, a época de semear e de colher, etc. Alguns povos ainda medem a passagem do tempo dessa maneira — por exemplo, dizem que uma festa vai durar "algumas luas" ou que uma atividade levará o tempo de "um cozimento de arroz".

Antes do aparecimento das fábricas, portanto, o relógio não era necessário. Porém, quando as relações de trabalho se transformaram, mudou também a orientação que as pessoas tinham em relação ao tempo. O assalariamento gerou a necessidade de controlar a produtividade, ou seja, de criar uma jornada de trabalho*. Simultaneamente, começaram a se difundir os relógios.

Embora houvesse relógios nas praças e torres de igreja desde o século XIV, eles eram muito imprecisos, e as pessoas ainda preferiam se orientar pelos relógios de sol. Até o século XIX, só os que tinham muito dinheiro possuíam relógios, ou seja, o instrumento era mais um símbolo de prestígio do que uma forma de medir o tempo. Sua difusão em massa coincide exatamente com a Revolução Industrial, quando marcar o tempo passa a ser essencial. A adaptação à nova divisão do tempo foi progressiva e dificultosa. Por exemplo, antes da Revolução Industrial não se trabalhava às segundas-feiras — as pessoas descansavam nesse dia e compensavam trabalhando nos demais; porém, o ritmo das fábricas passou a exigir uma semana de trabalho de segunda a sábado, sem descanso. Assim, o ano não era mais determinado pelo calendário de festas e feriados, e sim pelas necessidades industriais.

Os antigos hábitos de trabalho também foram desaparecendo, enquanto outros iam surgindo. O tempo, estabelecido pelo patrão, passou a valer dinheiro, e ao trabalhador restava apenas lutar pela regulamentação da jornada de trabalho. Dessa forma, com a Revolução Industrial o tempo torna-se precioso, dando origem a idéias e expressões antes inteiramente inexistentes: "perdi tempo", "ganhei tempo", etc. A nova maneira de medir o tempo leva a encarar seu aproveitamento máximo como uma forma de enriquecimento: "Deus ajuda quem cedo madruga". Passa-se a associar a perda de tempo à improdutividade e à preguiça.

Muitos se recusaram a aceitar o novo regime de trabalho, que desvalorizava profissões que antes gozavam de prestígio, como a de fiador; embora as máquinas utilizassem essa mão-de-obra, as tecelagens mecanizadas levaram tal ofício à decadência: entre o início do século XIX e os anos 1830, o salário médio de um fiador na Inglaterra diminuiu quatro vezes. Uma balada popular do período (e canções são uma boa maneira de perceber o que as pessoas pensam) dizia:

Sou um pobre fiador de algodão como tantos que você
[já viu
Em casa não tenho nada pra comer, minhas roupas
[gastei até o fio

Você não daria seis centavos por tudo o que detenho
Meus sapatos arrebentaram, e meias nem tenho
Você acharia duro vir ao mundo
Para passar fome, fazendo o melhor que pode

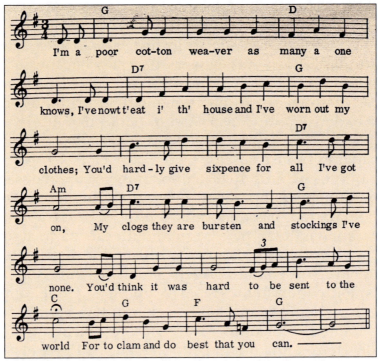

Um trecho da partitura da canção "John O'Grinfield". (Roy Palmer, org., A touch on the times — Songs of social change — 1770 to 1914, p. 207.)

A introdução das máquinas, contudo, não foi um processo pacífico. Pelo contrário, encontrou bastante resistência, como a dos *luditas*. Esses trabalhadores (comandados por um imaginário general Ludd, rei Ludd ou Ned Ludd) começaram, em 1811, um movimento nas indústrias de renda e meias perto de Nottingham, na Inglaterra, que se espalhou pelas fiações nos anos seguintes. Os luditas faziam exigências de salários e condições de trabalho aos donos das fábricas e, quando não atendidos, quebravam e ateavam fogo às máquinas.

No início do século XIX, um certo Dr. Smith, industrial da cidade de Huddersfield, na Inglaterra, recebeu a seguinte ameaça, assinada pelo suposto general Lud:

Acabou de ser dada a informação de que você é dono daquelas abomináveis Cisalhadeiras*, e fui solicitado pelos meus Homens para lhe escrever e fazer-lhe uma Advertência clara para demoli-las [...] Fique Avisado que, se não forem retiradas até o final da próxima semana, destacarei um dos meus Tenentes com pelo menos 300 Homens para destruí-las e fique ainda Avisado que, se você nos der o Trabalho de irmos tão longe, aumentaremos a sua desgraça incendiando seus Edifícios até as Cinzas e, se você tiver o Atrevimento de disparar em algum dos meus Homens, eles têm ordens de matá-lo & incendiar todos os seus Alojamentos; tenha a Bondade de informar aos seus Vizinhos que o mesmo destino os espera se suas Armações não forem rapidamente retiradas.

(E. P. Thompson, *A formação da classe operária inglesa*, v. 3, p. 130-1.)

Os trabalhadores procuravam, por intermédio de suas ameaças, deixar patente que eram muitos, possuíam a organização de um exército e seus objetivos eram claros e imediatos: a destruição das máquinas.

Muitos historiadores negam qualquer importância aos luditas, encarando-os como um grupo ingênuo que acreditava na possibilidade de reverter o processo de industrialização. No entanto, como observou o historiador inglês Eric Hobsbawm, o sentido da quebra de máquinas e destruição de propriedades no início do século XIX estava nas estratégias para impedir a redução de salários e exigir melhores condições de trabalho. Ou seja, constituíam uma tática eficiente, e a única disponível num período em que os sindicatos ainda não existiam. Tão eficiente que o governo inglês, atendendo às demandas dos donos do capital, enfrentou o movimento com violência, enforcando quatorze luditas em 1813. Embora algumas manifestações continuassem ocorrendo esporadicamente, o movimento foi sufocado.

O sistema de fábrica

Como sabemos, o vencedor desse embate foi o sistema de fábricas, com seu grande número de trabalhadores que utilizavam máquinas. O trabalho que se fazia ali era distinto das atividades realizadas no campo ou em casa, pois era disciplinado, cansativo, repetitivo. As condições na fábrica eram prejudiciais à saúde, o ar, quase irrespirável (principalmente nas tecelagens, onde fiapos de lã flutuavam pelo ar), e o vapor e o calor das máquinas faziam com que muitos trabalhassem descalços, com os pés constantemente dentro da água usada para esfriar os mecanismos.

Fiação Salt (Saltaire, Inglaterra), enfeitada para a virada do século. Observe como, já adentrando o século XX, ainda predominava ali o trabalho feminino e infantil, em meio a uma quantidade notável de teares. (Postal do Bradford Heritage Centre, Inglaterra.)

Aos trabalhadores restava adaptarem-se a uma nova rotina de muitas horas de trabalho por dia em ambientes insalubres e lutar, por exemplo, pela regulamentação de sua jornada de trabalho. Para se ter uma idéia, em 1812, fabricantes de pregos na Inglaterra trabalhavam das quatro da manhã às dez da noite, parando apenas para rapidamente fazer suas refeições.

No período que antecedeu a aprovação das leis fabris, que foram elaboradas por comissões que visitaram as fábricas e denunciaram o que viram ali, os trabalhadores estiveram submetidos a condições de trabalho insuportáveis. Umidade, escuridão, sujeira, jornadas de trabalho muito longas (da madrugada à noite) e, em certos casos, maus-tratos e punições de toda espécie. Veja no desenho abaixo um trabalhador no tear, punido com ferros pendurados no nariz e nas orelhas.

Representação de um castigo imposto a um tecelão. (Nigel Nixon e Josselin Hill, Mill life at Styal, p. 45.)

Por esses motivos, observadores contemporâneos ao período da Revolução Industrial, como Karl Marx, para dar uma idéia da degradação a que os trabalhadores estavam submetidos, chegaram a comparar o sistema de trabalho utilizado nas fábricas à escravidão. Marx transcreveu em sua obra *O capital* o que fora publicado no jornal *Daily Telegraph*, de Londres, em 17 de janeiro de 1860:

O juiz do condado de Broughton, presidindo uma reunião da prefeitura de Nottingham, em 14 de janeiro de 1860, declarou que naquela parte da população, empregada nas fábricas de renda da cidade, reinavam sofrimentos e privações em grau desconhecido do resto do mundo civilizado... Às 2, 3 e 4 horas da manhã, crianças de 9 e 10 anos são arrancadas de camas imundas e obrigadas a trabalhar até as 10, 11 ou 12 horas da noite, para ganhar o indispensável à mera subsistência. Com isso, seus membros definham, sua estatura se atrofia, suas faces se tornam lívidas, seu ser mergulha num torpor pétreo, horripilantes de se contemplar [...] O sistema [...] constitui uma escravidão ilimitada, escravidão em sentido social, físico, moral e intelectual [...] Mas o mercado negreiro, com os horrores do látego [chicote] e do tráfego de carne humana é por acaso mais ignóbil do que esta lenta imolação dos seres humanos, praticada a fim de se produzirem véus e golas para maior lucro dos capitalistas?

(Cap. 8, p. 275-6.)

Para Marx, o trabalhador não tinha outra saída, a não ser o trabalho, para sobreviver — e, assim, enriquecer o capitalista. Do seu ponto de vista, o novo tipo de trabalho e os lucros possibilitados por ele fundamentavam-se inteiramente na exploração do trabalhador. De um lado, havia o trabalhador, que passava a exercer uma atividade puramente mecânica, apenas supervisionando o movimento das máquinas. Convivia com elas como se fosse mais uma engrenagem, isto é, como se fosse parte delas. Como agravante, havia o fato de que o trabalhador se cansava e falhava, enquanto a máquina não, o que tornava muito comuns os acidentes de trabalho. Do outro lado, havia o capitalista, voltado para seu lucro a qualquer preço e explorando os que para ele trabalhavam. Por isso, para Karl Marx a história nesse momento podia ser compreendida como uma luta entre as classes capitalista e trabalhadora.

A vida dentro das fábricas

No texto citado observamos também outra realidade característica do período: o trabalho infantil, que, juntamente com o das mulheres, representava uma mão-de-obra superexplorada, que realizava o mesmo trabalho, porém recebendo salários menores. Observe na figura a seguir a presença exclusiva de mulheres e crianças trabalhando comandadas por capatazes. Os industriais justificavam o uso do trabalho infantil como uma forma de proporcionar a crianças pobres e abandonadas seu próprio sustento, livrando-as da mendicância. Contudo, era muito comum que os aprendizes — crianças ou jovens, muitas vezes órfãos, que começavam a trabalhar nas fábricas por um salário muito pequeno para aprender sua função — fossem tratados de forma desumana. Seu trabalho era cansativo, repetitivo e praticamente igual ao dos adultos. Nas tecelagens, cabia às crianças, exatamente por serem pequenas, se espremer por entre as máquinas para executar sua limpeza ou alcançar algum carretel ou peça.

Nessas condições, com poucas horas de sono e mal-alimentadas, recebendo apenas uma ínfima parte do salário de um adulto, muitas crianças adormeciam sobre as máquinas, correndo o risco de ficar seriamente feridas. Perder um ou mais dedos nas ferragens era então comum entre os pequenos trabalhadores, e seus erros eram sempre punidos severamente.

A gravura abaixo denuncia os maus-tratos que as crianças sofriam em seu trabalho nas fábricas.

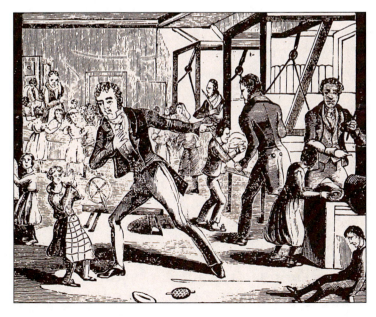

A situação do trabalho infantil. (Nigel Nixon e Josselin Hill, op. cit., p. 45.)

Observe que todos os capatazes, representados como figuras gigantescas, seguram uma vara e ameaçam castigar as crianças. Um deles, em primeiro plano, está prestes a esbofetear uma pequena menina que parece implorar; no outro canto, uma criança dorme, fatigada.

Leia o que o ex-aprendiz Robert Bincloe conta em suas memórias, publicadas em 1832, sobre o que fazia Mr. Needham, o mestre (responsável pelos aprendizes) da fábrica Litton, em Derbyshire, Inglaterra:

> *Mr. Needham foi acusado do hábito de esmurrar os aprendizes com seus punhos fechados — chutando-os quando já no chão, batendo excessivamente neles com varas, ou açoitando-os com chicotes para cavalo; de agarrá-los pelas orelhas, levantando-os e atirando-os em seguida com força para o chão [...].*
>
> (Nigel Nixon e Josselin Hill, op. cit., p. 45.)

Blincoe também conta que seus opressores costumavam agarrá-lo pelos cabelos e arrancar um punhado deles de cada vez, "até que o topo de sua cabeça ficou tão careca como suas mãos". (Idem, p. 45.)

Mesmo com leis que buscaram melhorar essa situação, as crianças e os jovens — considerados mais adaptáveis ao trabalho que os adultos, habituados ao sistema antigo — continuaram nas fábricas, tornando-se operários e dependendo de um salário para sobreviver. Assim, aprendiam desde cedo a se adaptar ao ritmo de trabalho. Jogar, beber ou realizar as tarefas lentamente eram atitudes severamente punidas, e o bom trabalhador, que se esforçava ao máximo, recebia como estímulo um bônus em dinheiro. O operário que causasse algum dano às máquinas, conversasse ou desobedecesse a alguma regra estabelecida, tinha seu salário descontado. Por vezes esse sistema de desconto de salário era tão severo que o trabalhador recebia no dia de pagamento apenas alguns trocados.

O trabalho nas fábricas impressionava tanto que foi retratado não apenas em relatórios oficiais, mas também em quadros e romances. Vamos ler a descrição que o escritor

Charles Dickens faz do trabalho em uma dessas fábricas em seu romance *Tempos difíceis*:

> *Estêvão inclinou-se sobre o tear, calmo, atento e laborioso. Como todos os homens na floresta de teares, onde trabalhava, Estêvão formava contraste estranho com o rumor, o barulho e a agitação das peças do mecanismo a que fora destinado. [...] Havia centenas de operários na fábrica e a força de centenas de cavalos-vapor. [...] Fez-se dia rapidamente, mostrando-se no exterior, apesar das luzes prepotentes do interior. Apagaram-se as luzes e o trabalho continuou. Começou a chover e as serpentes de fumaça, submetidas à maldição de toda a raça, voltaram para trás. No vasto pátio externo, o vapor do tubo de descarga, o montão de tonéis e ferros velhos, o depósito luzidio de carvão, as cinzas espalhadas por todo lado, estavam envolvidos em véu de névoa e chuva.*
>
> *O trabalho prosseguiu ao som das sinetas do meio-dia. Novo tropel pelo calçamento. Os teares, as rodas, os operários saíram todos da engrenagem por uma hora.*
>
> (p. 91-2)

Vejamos alguns dados no trecho escolhido: 1) o barulho e a agitação das máquinas contrastando com o silêncio forçado dos homens, que não têm como conversar nem se quiserem; 2) a fábrica como um lugar que concentra centenas de pessoas; observe que, comparando a vida moderna à selva, o autor fala de uma "floresta de teares"; 3) a entrada para o trabalho antes mesmo de amanhecer, só depois se apagando as luzes da fábrica — lembre-se de que dissemos que a natureza não regulava mais a vida dos homens; 4) as máquinas parecendo simbolizar tudo o que há de mal e dominar os homens — a fumaça que causam nunca desaparece, apenas diminui um pouco quando começa a cair a chuva, e os homens são considerados parte da engrenagem das máquinas, como diz a última frase; e 5) a atmosfera, descrita pelo autor como sombria, úmida e sufocante, transmitindo desesperança.

Como esse, muitos outros romances retrataram a nova realidade da vida nas grandes metrópoles industriais. De certo modo, as pessoas buscavam descrever e entender o impacto que a vida nas cidades exercia sobre elas: a velocidade, a rotina, a agitação, o isolamento de cada um, etc. As primeiras décadas do século XIX trouxeram uma notável produção literária voltada para as transformações sofridas pela sociedade inglesa, que passava de rural para urbana e industrial, e a conseqüente erosão dos antigos valores. Os escritores acreditavam também que a literatura poderia trazer os valores morais necessários para essa nova sociedade.

Na mesma época alguns "experimentos" buscavam minimizar os efeitos do sistema de fábricas e fazer com que o trabalho também trouxesse benefícios aos trabalhadores. Muitos deles foram considerados utópicos, sonhadores, mas um em particular ficou muito famoso em sua época: a comunidade de New Lanark. Concebida por Robert Owen e localizada no sul da Escócia, ali os trabalhadores viviam em casas confortáveis e tinham horários predeterminados para trabalhar na tecelagem. As crianças recebiam educação formal numa escola, o que incluía aulas de música e de dança; havia hortas comunitárias e uma tentativa de equilibrar trabalho, lazer e repouso. A idéia de comunidade, justamente naquele momento em que parecia que cada um queria viver por si, ganhou força, e Owen divulgou sua idéia fundando outras colônias semelhantes nos Estados Unidos.

As colônias de New Harmony (Indiana, EUA, 1825-27) e Queenwood (Hampshire, Inglaterra, 1839-45), porém, não tiveram sucesso, em parte por dificuldades financeiras, em parte por desentendimentos entre seus habitantes quanto à manutenção e organização das comunidades. New Lanark, que Owen abandonara para construir seu sonho na América, tornou-se, na época, modelo para outros experimentos semelhantes (como os falanstérios do francês Charles Fourier) e continua a ser considerada uma das utopias habitacionais e comunitárias mais significativas do século XIX.

Muitas colônias desse tipo surgiram em diferentes partes da Inglaterra, longe das cidades. Port Sunlight, Saltaire e Bournville são alguns exemplos de cidades criadas por indutriais onde os operários encontravam boas condições de moradia e educação, embora tivessem de obedecer a uma série de normas e regras paternalistas, como horário para se recolher e a proibição de bebida e jogos. Tais projetos, mesmo aceitando o sistema de fábrica, procuravam moldá-lo ao homem, ao contrário do sistema fabril original. Foram vistos em geral como "utópicos" porque partiam do pressuposto de que, com suas ingênuas comunidades, nas quais o fruto do trabalho era compartilhado, podia-se fazer frente ao desenvolvimento do capitalismo, beneficiando-se das invenções tecnológicas para redistribuir as riquezas e melhorar a vida dos trabalhadores.

New Lanark, que Owen administrou entre 1800 e 1825, sofreria alterações e ampliações até o fechamento da fiação em 1945. Mas foi apenas na década de 1860 que as moradias, já então consideradas um modelo das primeiras tentativas de habitação popular, foram restauradas. O ideal de trabalho comunitário, aliado à educação, dentro dos princípios owenistas, sofreu modificações e sucumbiu nos primeiros anos do século XX.

Hoje, essas cidades "utópicas" são pequenos vilarejos, valorizados como patrimônio histórico, símbolos de uma época de experimentos habitacionais e comunitários que procuravam reverter os males da industrialização.

Cidade de New Lanark, em gravura da década de 1810. (Postal do New Lanark Conservation Trust.)

CAPÍTULO 3

O crescimento das cidades

A explosão urbana

Ao olhar para o quadro abaixo, você pode imaginar o impacto que sofria uma pessoa recém-chegada ao centro industrial de Manchester em 1851: a cidade surgia como uma verdadeira massa de chaminés e fumaça, como uma imensa locomotiva cortando os campos. Observe, porém, que o perímetro da cidade é pequeno, se comparado aos padrões atuais. Para ir do centro da cidade até seus arredores rurais, uma breve caminhada era suficiente. As fábricas ficavam no centro, e não nas regiões periféricas como hoje em dia, tornando as condições de vida na cidade muito insalubres.

Vista da cidade de Manchester em 1851. (Mark Girouard, Des villes et des hommes, *p. 260-1.)*

Leia a descrição de William Cooke Taylor (1800-1849), que conheceu várias cidades industriais do norte da Inglaterra e passou por Manchester em 1842:

> *Lembro-me muito bem do efeito que causou em mim minha primeira visão de Manchester, quando olhei para a cidade pela primeira vez do final da linha férrea que vinha de Liverpool, e vi uma floresta de chaminés expelindo vapor e fumaça, formando uma cobertura escura que parecia abraçar e envolver todo o lugar... Muitos anos se passaram desde aquela manhã, mas repetidas visitas a Manchester não diminuíram os efeitos daquela primeira impressão.*
>
> (Notes of a tour in the manufacturing districts of Lancashire, in: L. D. Bradshaw, org., Visitors to Manchester, p. 36.)

Centro de Manchester com as fábricas em pleno funcionamento, visto da ferrovia Londres—Norte. (Nigel Nixon e Josselin Hill, op. cit., p. 5.)

Como as fábricas precisavam estar próximas dos mercados e das fontes de energia e matéria-prima, algumas cidades surgiram e outras cresceram em volta delas, sobretudo com a vinda da mão-de-obra atraída pela possibilidade de trabalho e de uma vida melhor fora do campo. Por isso, pode-se dizer que os processos de industrialização e urbanização são interligados.

Observe na figura a seguir um exemplo típico de fábrica, na cidade inglesa de Manchester, em que se destacam as grandes dimensões dos prédios e sua arquitetura prática e despojada. Esse modelo de construção fabril foi adotado, no século XIX, em outros países que se industrializavam, como por exemplo a Alemanha.

A tecelagem de algodão McConnel & Kennedy's, 1820. (Biblioteca Pública de Manchester.)

O canal fluvial era utilizado para transportar as matérias-primas para dentro das fábricas e as mercadorias já prontas para outras cidades ou até mesmo para portos marítimos, de onde seriam exportadas.

Você já leu a descrição da cidade de Manchester feita pelo viajante Cooke Taylor. Leia agora como Charles Dickens, em *Tempos difíceis*, descreveu uma cidade industrial do norte da Inglaterra, provavelmente numa referência a Manchester, sob o nome imaginário de Coketown:

Era uma cidade de tijolos vermelhos — ou melhor, seriam vermelhos se a fumaça e as cinzas o permitissem —, mas, no

> *estado atual, tinha uma cor não natural de vermelho e preto, parecendo a cara pintada de um selvagem. Era cidade de máquinas e altas chaminés, das quais saíam intermináveis serpentes de fumaça que se desatavam sem trégua e sem se dissolverem jamais. Tinha um canal escuro e um rio que corria com águas purpúreas devido às tintas fedorentas; vastos edifícios com uma infinidade de janelas que ressoavam e tremiam o dia inteiro, enquanto os êmbolos das máquinas a vapor subiam e desciam monotonamente, como uma cabeça de elefante loucamente melancólico.*
>
> (p. 37)

Dickens mostra uma cidade suja, com o ar e as águas poluídas, onde a fumaça e o barulho indicam o funcionamento contínuo do maquinário nas fábricas. Note como ele compara a cidade com uma selva — a cor dos tijolos lembra a cara de um selvagem, a fumaça se move como serpentes, o movimento das máquinas a vapor parece o balanceio da cabeça de um elefante. A cidade industrial surge como um lugar perigoso, selvagem, sem civilização.

Os operários viviam em bairros sujos e poluídos, e as suas moradias eram abarrotadas e sem nenhum conforto. Como o transporte público era caro demais para sua renda, eram obrigados a viver no centro das cidades, próximo das fábricas. Já as famílias burguesas, os donos de fábricas, os comerciantes e os homens de negócios buscavam se afastar da região central das cidades, preferindo viver nos subúrbios, especialmente nas proximidades de um parque particular situado na periferia (como fazem hoje as pessoas que moram em condomínios fechados afastados do centro). Havia assim uma grande segregação urbana, conforme observou William Cooke Taylor:

> *Os advogados, os industriais, os comerciantes de alimentos e de tecidos, de sapatos [...] fixaram suas imponentes residências em localidades aprazíveis [...] [os operários viviam] ocultos da vista das classes sociais mais altas, separados por uma infinidade de armazéns, fábricas, depó-*

sitos e estabelecimentos manufatureiros. Seus vizinhos ricos [...] conheciam-nos menos do que aos habitantes da Nova Zelândia[...]

(L. D. Bradshaw, org., op. cit., p. 37.)

Observe nesta gravura as luxuosas e variadas casas de subúrbio, ostentando a riqueza de seus proprietários.

O subúrbio londrino de Camberwell, 1830, desenhado por J. Thomson. (Mark Girouard, op. cit., p. 275.)

Já nos bairros operários não havia saneamento, os esgotos corriam a céu aberto, a água não era tratada e doenças como a cólera se espalhavam e matavam grandes contingentes da população. Apesar disso, a cidade significava para os operários a única possibilidade de melhorar um pouco seu padrão de vida, de não passar fome, de tentar proporcionar a seus filhos alguma instrução ou oportunidade de um futuro melhor. Foi assim que muitos irlandeses se dirigiram às cidades; afinal, a Grande Fome da década de 1840 — que atingiu a Irlanda como resultado de uma combinação de sucessivas más colheitas de batata e de abusos da administração central britânica — causou a diminuição da população irlandesa em mais de 2 milhões de pessoas, quer pela fome e doença, quer pela emigração. Os irlandeses representavam o exemplo perfeito de migrantes* daquela época.

A habitação dos trabalhadores

As condições de vida da classe operária foram aos poucos despertando a atenção das pessoas, tendo-se produzido a partir de 1830 uma grande quantidade de estudos, relatórios, quadros e gravuras sobre o tema. O quadro abaixo, intitulado *Pessoas buscando vaga num albergue*, exibe uma cena dramática das ruas de Londres, em que pessoas sem abrigo tentam conseguir um lugar para passar a noite. Observe como a miséria atingiu a todos sem distinção (mulheres, bebês, crianças e homens). As mães tentam proteger seus filhos do frio usando xales, e o traje do senhor de cartola que se encosta na parede indica que ele já viveu dias muito melhores. Todos têm um ar triste e cansado. O autor desse quadro, Sir Luke Fildes, antes de se tornar um pintor famoso, trabalhou para jornais, produzindo gravuras que retratavam a pobreza urbana.

Já a gravura da página seguinte, publicada num jornal em 1863, mostra a habitação dos pobres em Londres. Note como todos fazem fila para conseguir água. Muitas vezes, dezenas de moradias compartilhavam uma única torneira localizada em um pátio. Pode-se bem imaginar as condições de higiene de então.

Pessoas buscando uma vaga num albergue, *Sir Luke Fildes, 1874.* (The Victorian city, *v. 2.)*

Gravura publicada no jornal The Illustrated Times, 1863. (The Victorian city, *v. 2.*)

Para verificar mais um contraste entre as habitações e modos de vida, convidamos você a ler um trecho do livro *Mary Barton — A tale of Manchester life*, escrito em 1848 por Elizabeth Gaskell, esposa de um médico de Manchester. A autora reúne, em poucas páginas, a descrição da casa de um operário doente e a da casa de seu patrão. A personagem Wilson e um amigo vão à casa de Davenport, que está doente. A rua onde este mora oferece uma primeira dimensão da pobreza e do sofrimento que encontrarão: suja, não pavimentada, com poças fétidas devido ao esgoto que corre a céu aberto. Ao descer ao porão onde vive a família,

> *o odor era tão forte que quase nocauteou os dois homens. Rapidamente se recuperando, como ocorre com pessoas acostumadas a essas coisas, eles começaram a adentrar a escuridão espessa do lugar e a ver três ou quatro criancinhas rolando no chão de tijolos úmido, na verdade molhado, através do qual se infiltrava a lama imunda e estagnada da rua; a lareira estava vazia e negra; a esposa sentava-se na cadeira do marido, e chorava na úmida solidão.*

(p. 100-1)

Ao ver tal cena, Wilson corre para sua casa, coloca em seu lenço o precioso resto de refeição que guardara para seu jantar, e empenha o melhor casaco e o único lenço de seda (seus únicos bens valiosos) para dar o dinheiro à esposa do doente. Para tratar do amigo, precisam obter do patrão uma ordem de internação na enfermaria. Saindo daquela "rua de abominações", ele se dirige à casa do patrão, Mr. Carson.

> *Wilson caminhou por duas milhas [3 quilômetros] para chegar à casa de Carson, que era quase no campo. [...] Era uma boa casa, mobiliada sem pensar em despesas. Mas, para além desse gasto excessivo, muito gosto estava à mostra, e muitos artigos escolhidos por sua beleza e elegância enfeitavam os cômodos. Quando Wilson passou por uma janela que uma empregada havia deixado aberta, viu quadros e enfeites dourados e sentiu-se tentado a parar e olhá-los, mas pensou que isso não seria respeitoso. Assim, apressou-se a chegar à porta da cozinha. Os empregados pareciam muito ocupados em preparar o café da manhã [...] O café fumegava no fogo, e todos os odores estavam tão misturados e eram tão apetitosos que Wilson começou a se lembrar de seu café da manhã que durara até a noite do dia anterior. Se os empregados soubessem disso, teriam dado a ele de bom grado carne e pão em abundância; mas eles eram como o resto de nós que, não sentindo fome, esquece que é possível que outros a sintam.*
>
> (Idem, p. 106.)

Depois de ver como vivem alheios a tudo os filhos do patrão, Wilson consegue falar com ele:

> *— Então, Wilson, o que você quer hoje, homem?*
> *— Por favor, Davenport está doente com a febre, e vim para saber se o senhor teria uma ordem da Enfermaria para ele.*
> *— Davenport, Davenport... Quem é esse? Não reconheço o nome.*
> *— Ele trabalha em sua fábrica há uns três anos, senhor.*
> *— Pode ser, eu não posso saber o nome de todos os homens que emprego; isso eu deixo para o capataz. Então ele está doente?*

> — *Ah senhor, ele está muito mal; queremos levá-lo para a Enfermaria que cuida das febres.*
> — *Não creio que eu tenha ordens de internação disponíveis. Mas darei uma ordem de consulta, e passe bem.*
> *Assim dizendo, ele se levantou, abriu uma gaveta, pensou por um minuto e então deu a Wilson uma ordem de consulta para ser apresentada na segunda-feira seguinte. Segunda-feira! Quantos dias até chegar segunda-feira!*
>
> (Idem, p. 109.)

Note nessas passagens como a autora procura mostrar, por intermédio de seu romance, a situação enfrentada pelos trabalhadores: uma vez doentes, não tinham de onde tirar seu sustento e dependiam da caridade dos outros até mesmo para conseguir uma internação. Ao mesmo tempo, o patrão e sua família parecem alheios a tudo isso, e o conforto de sua casa contrasta fortemente com as condições das casas dos operários: nestas, o cheiro fétido de esgotos a céu aberto; na de Mr. Carson, os aromas de um rico café da manhã.

A gravura seguinte, publicada em 1863, é intitulada *Sótão ocupado por uma família de dez pessoas*. Por moradias como esta, que por vezes abrigavam mais de uma família em um único cômodo, as pessoas pagavam aluguéis altíssimos.

Gravura publicada no jornal The Illustrated Times, *1863.* (The Victorian city, v. 2.)

Foi numa visita a um cortiço e a residências como essas na cidade de Londres que o inspetor de saúde George R. Sims, após examinar as casas com suas janelas e telhados quebrados, invadidas pela chuva e pela sujeira, escreveu:

> *Os cômodos nestas casas são chiqueiros, nada além, nos quais homens, mulheres e crianças vivem, dormem e comem. Mais que isso não posso dizer, apenas que um estranho, entrando em um destes cômodos pela primeira vez, tem todos os seus sentidos chocados, e acha quase impossível respirar a atmosfera pestilenta sem se sentir imediatamente doente. E é em cômodos como estes que homens e mulheres vivem e por vezes sem sair por dias e semanas. São encontrados algumas vezes em um estado de nudez absoluta, tendo se desfeito de cada trapo seu para manter "corpo e alma juntos" em períodos em que não conseguem encontrar trabalho.*

(How the poor live and horrible London, p. 48.)

Esses "pesquisadores" que visitavam tais locais eram geralmente médicos ou engenheiros (responsáveis pela rede de esgotos e por outras reformas na cidade), que faziam relatórios oficiais para que o governo tomasse as providências

Gravura publicada no jornal Illustrated London News, *1875*. (The Victorian city, v. 2)

necessárias. Uma de suas maiores preocupações era a "degradação moral" a que as pessoas estavam sujeitas vivendo naquelas condições, o que os fazia enfatizar o quanto era inadmissível pais, filhos e filhas dividirem o mesmo cômodo, muitas vezes até a mesma cama. Eles supunham que, se pudessem alterar o ambiente em que as pessoas viviam, construindo, por exemplo, casas com vários cômodos separados, estariam melhorando o nível geral de toda a população e de sua moral e costumes.

A gravura da página anterior, que também representa a casa de um trabalhador, se intitula Manhã de domingo na casa de um trabalhador na rua Leather e apresenta uma visão talvez menos dramática que a anterior, embora reveladora de intensa pobreza.

Observe que todas as atividades eram realizadas no mesmo cômodo da casa: lavar roupas, cozinhar, dormir, comer, brincar, etc. Os banheiros ficavam do lado de fora, consistindo geralmente apenas em uma "casinha" com um buraco no chão, compartilhada por dezenas de famílias. Os banhos eram, então, muito raros, e em geral os trabalhadores possuíam apenas duas mudas de roupa e um par de sapatos.

Cidade de Bradford, Inglaterra, no final do século XIX. (Postal do Bradford Heritage Centre, Inglaterra.)

Como se pode notar, as primeiras experiências de viver nas cidades foram complexas e difíceis: os vilarejos em que todos se conheciam foram substituídos por lugares onde massas humanas anônimas circulavam e buscavam sobreviver. Na página anterior, a fotografia da cidade de Bradford, na Inglaterra, tirada no final do século XIX, mostra uma rua, ocupada por bondes, carruagens e grande número de pessoas. A multidão já se tornara então uma realidade no dia-a-dia das cidades. Compare essa foto com aquelas primeiras gravuras apresentadas sobre a vida rural e os mercadores...

CAPÍTULO 4

Lazer e organização política dos trabalhadores

Comer, beber e se divertir

Até aqui descrevemos as transformações provocadas pelas máquinas e pelo trabalho dentro das fábricas, bem como as conseqüências do crescimento das cidades. Mas você já deve ter imaginado que a vida dos trabalhadores não poderia se restringir apenas ao trabalho e à vida doméstica, embora passassem a maior parte do tempo nessas ocupações. Viver em cidades implicava uma ampla gama de atividades, como ir a bares e a teatros, reunir-se com amigos, etc. A alimentação era muito precária, e restava a possibilidade de beber, muitas vezes para "tapear a fome". Com uma parte substancial dos baixos salários usada para pagar os altíssimos aluguéis das míseras casas onde viviam, pouco restava para a alimentação, que não apresentava grande variedade. Praticamente o único alimento que nutria a população pobre (e comumente associado aos migrantes irlandeses) eram as batatas. Certas comidas eram inacessíveis, e evitavam-se outras, como tomates e bananas — que poderiam ter melhorado muito a dieta do povo —, porque na época os próprios médicos difundiam informações equivocadas de que esses alimentos faziam mal.

Leia o que Robert Roberts, que nasceu em um cortiço na cidade operária de Salford, Inglaterra, conta sobre a alimentação operária:

> *O pai comia primeiro, para manter suas forças [...]. Ele comia sozinho ou com a esposa. Os jovens que já "ganhavam seu pão" eram os próximos a sentar à mesa, enquanto os mais jovens ainda vigiavam ansiosos para que os restos não desaparecessem antes de chegar sua vez. Às vezes todas as crianças comiam juntas: uma ração básica, digamos, de duas fatias (e não mais que duas) de pão e margarina [...] Na divisão da comida, as garotinhas eram as mais prejudicadas: as mães achavam que elas não precisavam de tanto, "não como os garotos" [...] O almoço de domingo, entre meio-dia e duas da tarde [...] era dividido por toda a família. Esta era a única refeição adequada que muitas crianças tinham; o momento para devorar tanta comida quanto possível para os dias de escassez que se seguiriam.*
>
> (The classic slum, p. 102.)

No trabalho, a alimentação ficava sempre relegada a segundo plano. As refeições de uma criança que trabalhava como operária, conforme as memórias de um aprendiz da fábrica Cressbrook, em Derbyshire, Inglaterra, eram assim:

> *Íamos para o trabalho às seis da manhã sem nada para comer e sem fogo para nos aquecer. Por cerca de um ano nós nunca paramos para café da manhã. O café da manhã era trazido para a fábrica em canecas de lata em grandes bandejas. Era leite, mingau e bolo de aveia. Eles traziam isso, e cada um pegava uma lata e tomava seu café como podia, sem parar de trabalhar. Fazíamos uma parada ao meio-dia, e tínhamos uma hora para o almoço, mas tínhamos que fazer a faxina durante aquela hora. Levávamos cerca de meia hora para limpar e colocar óleo nas máquinas. Então íamos comer o almoço, que cinco dias por semana era apenas torta de batata.*
>
> (Niger Nixon e Josselin Hill, op. cit., p. 21.)

A bebida era uma das realidades mais presentes no período do crescimento das cidades. O mapa abaixo oferece um dado surpreendente. Cada ponto equivale a um pub, ou seja, um bar, no ano de 1899. Observe que se trata apenas de uma parte de um bairro central de Londres, incluindo a avenida principal, a Strand. Os bares eram freqüentados tanto por aqueles que estavam de passagem quanto pela população muito pobre que vivia nas ruas ao redor.

Localização dos pubs em um bairro londrino, no século XIX. (The Victorian city, v. 1.)

Acreditava-se que a cerveja, além de ser "o caminho mais curto" para fugir da triste realidade das cidades, era algo que "fortalecia o homem". Em 1876 o consumo anual de cerveja na Inglaterra era de aproximadamente 155 litros por pessoa. É possível que o recurso à bebida trouxesse certo alívio para a fome dos mais pobres, mas os bares eram também local de encontro e conversas. Muitas sociedades de trabalhadores realizavam seus encontros nesses locais, para discutir assuntos sérios como a reforma parlamentar e a revogação de leis que consideravam prejudiciais à classe operária ou para organizar passeatas e movimentos grevistas. Assim, por servir de ponto de reuniões agitadas nas quais os trabalhadores podiam obter informações sobre política e economia, muitos bares foram obrigados a fechar.

A bebida também era muito combatida por filantropos da classe média, que pretendiam culpá-la por todos os males que afligiam os pobres (incluindo sua fraqueza, falta de dinheiro e, acima de tudo, sua suposta falta de moral). Organizações como as Sociedades de Temperança* e o Exército da Salvação também se dedicavam a esse fim. Conforme Robert Roberts,

> *toda semana o Exército da Salvação se plantava monotonamente no final de nossa rua, numa intimidação moral. Para atravessar suas fileiras com uma jarra de cerveja em cada mão, enquanto um convertido ardoroso gritava contra os males do álcool, era necessário ser um descarado, mas ninguém parecia querer fugir desse papel.*
>
> (Op. cit., p. 108.)

Entre as possibilidades de lazer na cidade, muitas diziam respeito às tradições da vida rural, como as feiras ao ar livre com exposição de animais selvagens, os jogos de carta, as brigas de galo e as lutas de boxe. Corridas a pé ou a cavalo também eram comuns, assim como longos passeios a pé ou de bicicleta pelas áreas rurais ou entre cidades vizinhas. Ir à igreja era considerado o ponto alto do fim de semana, sendo que a religião metodista exercia muita influência tanto sobre a classe média quanto sobre a operária.

O teatro era outra importante forma de divertimento na cidade. Compare as duas gravuras da página seguinte. A primeira mostra a noite de inauguração do Royal Theatre em Haymarket, em Londres, com uma platéia de burgueses bem-vestidos e bem-comportados, a principal audiência dos espetáculos teatrais até o século XVIII. A segunda gravura mostra o Garrick Theatre, de Whitechapel, também em Londres, com uma audiência bem mais simples e não tão bem-comportada (no caso, brigando com um policial). Os membros das classes pobres apenas poderiam freqüentar teatros sofisticados caso se sentassem no alto das galerias. A partir do século XIX, porém, surgiram dezenas de teatros, principalmente na capital inglesa, voltados para as classes mais pobres e iletradas, fascinadas pelo burburinho, excitação e colorido dos espetáculos. Nos teatros populares de Londres as peças de maior sucesso, sempre com uma "moral da história" ao final, retratavam as dificuldades da vida urbana, a degradação moral daqueles que vinham viver em Londres e as saudades da vida rural.

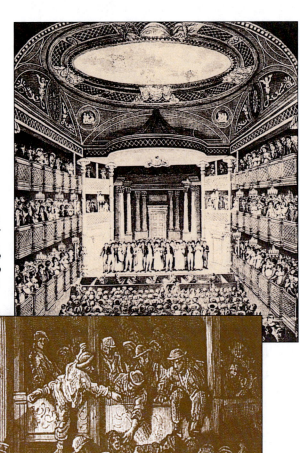

Gravuras, respectivamente, de R. Wilkinson, publicada em Londina Illustrada, *1821, e de Gustave Doré e Blanchard Jerrold, no livro* London, a pilgramage, *1872.* (The Victorian city, *v. 1.*)

Organizações e lutas dos trabalhadores

Tempo de greve

*Já era tempo de os trabalhadores terem as coisas a seu modo
E por um dia de trabalho receberem um dia de salário
Este é o momento para fazer greves, pelo menos assim me
[parece
O monopólio recebeu golpes, mas este deve ser fatal
Os trabalhadores aos milhares se queixam, seu fardo é
[pesado
Que a ordem marque sua conduta, que encontrem o sucesso
[ao final.*

(Roy Palmer, org., op. cit., p. 309.)

A letra da canção acima conclamava os trabalhadores a uma marcha grevista, sob a reivindicação de "um dia de trabalho igual a um dia de salário", base de muitos movimentos. Os empresários industriais, todavia, conseguiram a aprovação de leis que proibiam a organização de greves e de sindicatos, e estes só vieram a sair parcialmente da ilegalidade em 1824.

Outro protesto veemente no século XIX se deu contra as Leis do Trigo ou Leis dos Cereais (Corn Laws). Tais leis existiam desde o século XII, na Idade Média, para regulamentar a importação e exportação de grãos, mas a partir de 1815 foram reforçadas pelo Parlamento*, permitindo a importação apenas quando o trigo doméstico atingisse determinado preço. Para os grandes proprietários de terras, que eram membros poderosos e influentes do Parlamento, esse era um modo de conseguir dinheiro por meio de impostos altíssimos sobre a importação de trigo, elevando o preço do pão e trazendo grandes prejuízos à população pobre.

Um fato que você deve registrar é que, embora o período da Revolução Industrial fosse um momento em que o capitalismo se afirmava com toda a sua força, os trabalhadores começavam a se organizar em torno de diversas idéias, como o socialismo, que pregava a distribuição dos meios de produção e das riquezas socialmente produzidas pelo trabalho. Os defensores dessas idéias denunciavam as injustiças que viam no sistema fabril, e muitos eram presos e perseguidos por isso. Além disso, para reivindicar mudanças políticas ou sociais, os trabalhadores realizavam marchas de protestos, muitas das quais terminaram em tragédia ao serem reprimidas, como aconteceu no ano de 1819, na cidade de Manchester, no episódio que ficou conhecido como Massacre de Peterloo.

O massacre aconteceu quando a polícia quis dispersar uma manifestação que contava quase 80 mil trabalhadores que, além de protestar contra a crise que atingia a indústria de fiação, exigiam reformas no Parlamento. Um grupo da guarda real armado de sabres atacou a multidão, causando onze mortes e ferindo centenas de pessoas que, com medo da repressão, evitaram ir aos hospitais. Esse vergonhoso acontecimento, chamado de Peterloo numa irônica referência à batalha de Waterloo (uma das glórias do exército britânico durante as Guerras Napoleônicas), converteu-se para os trabalhadores no símbolo da repressão.

Outro movimento popular que teve muita força na Inglaterra e de certo modo canalizou todas as reivindicações foi o cartismo, movimento político dos anos 1830 e 1840 que buscava assegurar uma constituição democrática e uma sociedade igualitária. Seu objetivo era a aprovação da Carta do Povo, de onde provinha seu nome, e que consistia em um programa de seis itens: sufrágio (direito de voto) universal masculino; abolição do voto censitário para o Parlamento (do qual até então só podiam fazer parte os ricos proprietários de terras); voto secreto; representação equitativa nos distritos eleitorais; reeleição anual do Parlamento; e remuneração aos deputados mediante salários, de tal forma que os trabalhadores também pudessem se candidatar.

As reivindicações do movimento cartista foram continuamente negadas, como no ano de 1839, quando o Parlamento vetou as mudanças, apesar das petições assinadas por 1,2 milhão de pessoas, e das numerosas marchas que atravessavam cidades por todo o país. O fato se repetiu em 1842, quando as exigências foram negadas mesmo com a assinatura de 3 milhões de pessoas, e em 1848, quando os trabalhadores organizaram uma enorme passeata em Londres, dispersada pelas tropas e por pessoas armadas pela burguesia. Esse é um exemplo de como se desprezavam as demandas populares. Ainda assim, o movimento persistiu por longo tempo, como uma forma de protesto das classes populares contra todas as dificuldades de seu cotidiano. A canção abaixo era uma das que se entoavam durante as marchas cartistas:

Os cartistas estão chegando

*Um hurra para a velha Inglaterra e para a doce liberdade!
Ó terra em que vivemos, onde há muito o que comer!
Este maravilhoso dia vamos para sempre lembrando,
Saia da frente, os cartistas estão chegando!*

(Roy Palmer, org., op. cit., p. 302.)

Também eram comuns as greves de trabalhadores empregados nos setores que enfrentavam crises. Em toda a Inglaterra, 1842 foi um ano de greves contra a redução de salários, deflagradas por mineiros, fabricantes de pregos, etc., mas principalmente pelos trabalhadores das tecelagens, que estavam mais sujeitos às flutuações do mercado, sofrendo reduções de salários ou perdendo o emprego quando as indústrias não vendiam sua produção.

As greves eram organizadas pelos sindicatos e muitas vezes pelo movimento cartista, sendo noticiadas em jornais lidos pelos trabalhadores. A cena de multidões operárias em marcha, às vezes de uma cidade para outra, parecia assustadora aos que as descreviam. O jornal Wolverhampton Chronicle descreveu assim um encontro de mineiros em greve em 1842:

> *[...] um dos maiores encontros que aconteceram desde que a greve começou ocorreu na tarde de quinta-feira em um descampado em Wednesbury. Homens [...] marcharam através da cidade de Dudley, uns 10 mil deles carregando faixas que diziam [...] "nove horas de trabalho por dia". Disseram que havia 20 mil pessoas no encontro.*

(Dorothy Thompson, The chartists, p. 277.)

Aparentemente, essas manifestações eram a única maneira de exercer pressão sobre os industriais ou sobre o governo inglês, para que tomassem as medidas exigidas. O espetáculo de milhares de trabalhadores desfilando e entoando canções, geralmente com as mulheres indo à frente e os homens carregando faixas com suas exigências ou com o nome da associação a que pertenciam, era realmente uma visão difícil de esquecer para quem presenciava essas manifestações públicas.

Um aspecto menos conhecido das atividades dos operários eram as reuniões que faziam à noite ou nos finais de semana nos halls (salões). Nesses lugares eles assistiam a palestras e aulas sobre os assuntos mais diversos — filosofia, política, economia, botânica, música —, além de debater a respeito de sua situação e do que poderiam fazer para mudá-la. Os salões também organizavam bailes, após os quais era servida sopa ou chá. Grupos diferentes se formavam, alguns com a participação de burgueses dedicados à filantropia, outros formados pelos próprios trabalhadores. Surgiam, assim, as sociedades filantrópicas e de auxílio mútuo.

O desenho abaixo reproduz o Salão de Ciências de Manchester, inaugurado em 1840 no distrito de Campfield, nessa cidade inglesa.

O Salão de Ciências de Manchester. (Edmund e Ruth Frow, Robert Owen & Owenism in Manchester & Salford, *p. 14.)*

Era um importante local de encontro para sindicalistas e reformistas políticos. O lema gravado na parede, "consagrado à investigação da verdade", indicava que todos os que freqüentavam o salão tinham em comum a busca do conhecimento. No mesmo local foi inaugurada, em 1852, a biblioteca pública da cidade.

CAPÍTULO 5

Considerações finais

Como vimos, a vida dos operários era dedicada ao trabalho e em grande parte determinada por ele. Em vez de descrever máquinas complexas e seu funcionamento numa celebração dos avanços da tecnologia, procuramos narrar como era o trabalho nas fábricas na época da Revolução Industrial. Em lugar de fornecer números e tabelas sobre o crescimento das cidades, buscamos imaginar como viviam os burgueses e os operários. Embora o trabalho fosse determinante, a vida dos trabalhadores ia muito além das paredes das fábricas; por isso falamos também de seu lazer, de sua organização política e de seu cotidiano.

Após esse percurso utilizando os documentos, você deve estar se questionando sobre como avaliar o acontecimento da Revolução Industrial: foi positivo, por ter tornado a Inglaterra uma potência industrial, trazendo progresso e riqueza para o país? Ou foi um acontecimento que, para a maioria, trouxe apenas sofrimento e miséria?

Acreditamos que você já concluiu que, em vez de julgar o passado como positivo ou negativo, cabe a quem estuda a história compreendê-lo em suas múltiplas dimensões, observando que os acontecimentos podem ser contados em diferentes versões — o que não significa que cada uma delas não seja verdadeira.

O essencial é perceber que a Revolução Industrial trouxe uma grande transformação. O mundo não poderia continuar o mesmo depois desse acontecimento: o aumento da população, a transformação da sociedade rural em urbana, o crescimento das cidades, a utilização das máquinas no trabalho e as alterações no modo de vida das pessoas são prova disso. Esperamos que, ao ler este texto, você tenha aprendido um pouco como se pode produzir conhecimento utilizando documentos. Tal conhecimento histórico não é mera opinião pessoal, pois está baseado nos traços de realidade que chegaram até nós. Tudo o que aconteceu chega até nós por meio desse processo de fazer perguntas ao passado e de utilizar explicações para entender melhor o que se passou. Assim, lendo e analisando os documentos aqui apresentados, você também "fez história".

Ao longo desse percurso, você pôde conhecer e refletir sobre o trabalho, o lazer e os ideais dos trabalhadores. Para finalizar, apresentamos a letra da canção que fala do "Paraíso do Pobre". Observe como essa utopia está relacionada às promessas de boa vida que a América oferecia e que levaram tantos a emigrarem. Em seu "paraíso" haveria boas roupas, alimento em abundância, descanso, casa própria e respeito. A canção conta, assim, com humor e nas entrelinhas, o oposto de suas vidas e seu sonho de um mundo melhor "de cabeça para baixo".

O Paraíso do Pobre

Caros amigos, cheguem mais perto, quero que vocês
                                              [ouçam
Um sonho que tive na noite passada
Pra você e pra mim há terra além mar
Onde não teremos que lutar nem brigar
Há camas de verdade onde descansaremos a cabeça
Num quarto para cada um
Há sapatos sem buracos e calças também
E trabalho a ser feito, nenhum
No Paraíso do Pobre tudo vai ser do nosso jeito
Não há nada lá a não ser sorte, então,
Há torta de morango com vinte pés de altura
E creme trazido num caminhão
[...]
Lá vamos saber como é andar de carro
Nem a porta teremos de abrir

E se alguém ficar folgado, vamos levá-lo de lado,
E direto ao chão fazê-lo cair
[...]
No Paraíso do Pobre tudo vai ser do nosso jeito
Não teremos nada a temer
Vamos comer o que quisermos em árvores de presunto e
                                                                [ovos

E das fontes de cerveja, beber.
[...]
Tomaremos nosso café da manhã na cama
Um gordo milionário a nos servir
[...]
No Paraíso do Pobre teremos nosso próprio lar
não teremos de trabalhar como escravos
Teremos orgulho de cantar bem e alto
Esta terra de livres e bravos.

                        (Roy Palmer, org., op. cit., p. 324.)

VOCABULÁRIO

Anarquismo — Negação absoluta do presente social em busca de uma ruptura revolucionária. O anarquismo almejava um regime comunitário sem propriedade privada e esteve presente principalmente nos movimentos operários da França, Itália e Espanha no final do século XIX e início do século XX. O anarquismo moderno, que tem como um de seus principais pensadores William Godwin, prega a recusa às autoridades, incluindo os governantes, a lei, o dinheiro e a Igreja.

Artesanato — Sistema de produção em que os objetos são feitos à mão. Vigente na Europa desde a Idade Média, sofreu um significativo declínio a partir da Revolução Industrial.

Cercamentos — Processo secular, amparado por leis, por meio do qual terras antes de uso comum eram cercadas e transformadas em propriedade privada, expropriando os camponeses, seus usuários desde muitas gerações. Na Inglaterra o processo de cercamentos começou em meados do século XV, intensificando-se entre 1750 e 1845.

Cisalhadeiras — Termo empregado pelos luditas para referir-se às máquinas, consideradas por eles aparelhos infernais, que deformavam o corpo dos trabalhadores. (Cisalhas são tesourões, e cisalhamento é a deformação de um corpo por meio de objetos cortantes.)

Comunismo — Doutrina política com base na Revolução Industrial que se tornou conhecida a partir da publicação do *Manifesto Comunista* (1848), de Karl Marx e Friedrich Engels. Objetivava a criação de uma sociedade harmoniosa e igualitária na qual todos os trabalhadores fossem donos de seu trabalho e dos meios de produção. Estabelece, ainda, que a história ocorre em fases sucessivas e que o capitalismo gerado com a Revolução Industrial prenuncia o comunismo, possibilitado pela união das classes trabalhadoras.

FILANTROPIA — Ato de buscar beneficiar os menos favorecidos com atividades de caridade, educacionais, etc., seja por meio de grupos ou de instituições.

JORNADA DE TRABALHO — A duração diária do trabalho. Como vimos, durante a Revolução Industrial, a jornada, que podia ser de doze a quatorze horas por dia, foi regulamentada pelas Leis Fabris.

MANUFATURAS — Sistema de produção vigente na Europa desde a Idade Média no qual os trabalhadores se reuniam numa mesma oficina, realizando trabalho manual com a ajuda de ferramentas, e que também sofreu alterações a partir da Revolução Industrial, mesmo com a continuidade da produção doméstica.

MATÉRIA-PRIMA — Substância bruta principal e essencial com que é fabricado algum produto. Por exemplo, o algodão para a produção de tecidos, o ferro para a fabricação de ferramentas, etc.

MIGRANTE — Pessoa ou grupo social que pratica migração, isto é, que se transfere, temporária ou definitivamente, de uma região para outra.

PARLAMENTO — Assembléias ou câmaras legislativas nos países constitucionais; congresso nacional. A Inglaterra foi a primeira nação a enfraquecer o poder dos reis, concentrando os poderes no Parlamento (Revolução Gloriosa de 1688). O Parlamento inglês compõe-se da Câmara dos Comuns e da Câmara dos Lordes.

PROTESTANTISMO — Nome dado ao movimento de reforma na Igreja que prega a autoridade maior da Bíblia (em contraposição à Igreja Católica, cuja autoridade máxima é representada pela pessoa do Papa). Igrejas luteranas, calvinistas, metodistas, presbiterianas e batistas, entre outras, são todas protestantes ou evangélicas. O protestantismo surgiu no século XVI, tendo como principais líderes Lutero e Calvino, levando a cabo a chamada Reforma da Igreja Católica em muitos países europeus — como a Inglaterra, onde se destacou o anglicanismo (a Igreja do Estado). A religião protestante incentiva princípios como o esforço pessoal, o trabalho, o individualismo e o lucro.

Socialismo — Programa político das classes trabalhadoras formadas durante a Revolução Industrial cuja base comum previa o estabelecimento de uma organização social com direito limitado à propriedade, substituindo a posse privada de bens por um sistema no qual a sociedade controla a produção e distribuição de bens numa situação de igualdade, cooperação e progresso. Essa transformação da ordem jurídica e econômica fundada na propriedade privada teve como principais expoentes Karl Marx e Friedrich Engels.

Sociedades de Temperança — Sociedades civis, em sua maioria de cunho religioso, formadas por elementos de várias classes sociais, dedicadas a alertar contra os males do álcool, principalmente entre os trabalhadores urbanos.

CRONOLOGIA

1719	Primeira fábrica têxtil da Inglaterra, em Derby (fiação de seda).
1733	Invenção da lançadeira por John Kay.
1750-1769	A exportação britânica de tecidos de algodão aumenta em dez vezes.
1765	Invenção da máquina "spinning-jenny" de fiação automática, pelo inglês Hargreaves.
1767	Invenção da máquina a vapor por James Watt, colocada em uso pela primeira vez em 1769.
1771	Primeira fábrica com teares mecânicos movidos à água.
1776	Publicação de *A riqueza das nações — Investigação sobre sua natureza e suas causas*, de Adam Smith.
1779	Invenção da máquina de fiar (a "mula") por Samuel Crompton, proporcionando fio fino e sólido para utilização na trama de tecidos.
1785	Primeiro tear completamente mecânico, inventado por Edmund Cartwright e aplicado com sucesso à fiação.
1798	Publicação de *Ensaio sobre os princípios da população*, escrito por Malthus.
1799	Lei antigreve na Inglaterra.
1801-1851	População inglesa passa de 80% rural e 20% urbana para 60% urbana, contando dez cidades com mais de 100 mil habitantes.
1802	Primeira lei regulamentando o trabalho infantil na Inglaterra.
1811, 1812 e 1816	Movimento Ludita.
1812	Construção do *Cometa*, primeiro navio a vapor da Europa.
1817	Invenção da primeira máquina totalmente automática para fabricar parafusos, na Alemanha.

1818	Primeira greve geral da fiação de algodão, em Manchester, Inglaterra.
1819	Massacre de Peterloo, em Manchester, Inglaterra.
1819	Primeira travessia do Oceano Atlântico com barco a vapor (Savannah).
1824	Primeira estrada de ferro de carga e passageiros na Inglaterra (Darlington-Stockton).
1824	Lei que autoriza a criação de sindicatos, na Inglaterra.
1829-1838	Invenção, pelos franceses Niepce e Daguerre, e desenvolvimento da fotografia.
1830	Inauguração da primeira linha férrea a transportar somente passageiros, entre Manchester e Liverpool, Inglaterra.
1830	Campanha pela jornada de trabalho de dez horas diárias, no norte da Inglaterra.
1832-1835	Samuel Morse desenvolve o telégrafo elétrico.
1833	Leis Fabris (*Factory Act*).
1834	Decreto dos Pobres (Poor Laws).
1835	*The philosophy of manufactures...*, escrito por Andrew Ure.
1838-1848	Movimento cartista.
1845	*A situação da classe trabalhadora na Inglaterra*, escrito por Friedrich Engels.
1846	Abolição das Leis do Trigo ou Leis dos Cereais (*Corn Laws*).
1847	Lei regulamentando o trabalho feminino, na Inglaterra.
1848	*Manifesto comunista*, escrito por Karl Marx e Friedrich Engels.
1867	*O capital* (primeiro volume), escrito por Karl Marx.

PARA SABER MAIS

Veja, a seguir, algumas sugestões de livros e filmes para você conhecer melhor o período da Revolução Industrial:

• *Obras de referência:*

BRESCIANI, Maria Stella. *Londres e Paris no século XIX: o espetáculo da pobreza.* São Paulo: Brasiliense, 1982. (Col. Tudo é História.)
COSTA, Caio Túlio. *O que é anarquismo.* São Paulo: Brasiliense, 1980. (Col. Primeiros Passos.)
DECCA, Edgar de. *O nascimento das fábricas.* São Paulo: Brasiliense, 1982.
DOWBOR, Ladislau. *O que é capital.* São Paulo: Brasiliense, 1985. (Col. Primeiros Passos.)
GONZÁLEZ, Horácio. *Karl Marx, o apanhador de sinais.* São Paulo: Brasiliense, 1984. (Col. Encanto Radical.)
HOBSBAWM, Eric J. A Revolução Industrial. In: *A era das revoluções — 1789-1848.* São Paulo: Paz e Terra, 1982.
_____. *Mundos do trabalho — Novos estudos sobre história operária.* São Paulo: Paz e Terra, 1988.
_____. *Os trabalhadores — Estudos sobre a história do operariado.* Rio de Janeiro: Paz e Terra, 1981.
IGLÉSIAS, Francisco. *A Revolução Industrial.* São Paulo: Brasiliense, 1992. (Col. Tudo é História.)
MARX, Karl e ENGELS, Friedrich. *Manifesto comunista.* São Paulo: Paz e Terra, 1987. (Col. Leitura.)
SPINDEL, Arnaldo. *O que é socialismo.* São Paulo: Brasiliense, 1985. (Col. Primeiros Passos.)

• *Obras de ficção:*

DICKENS, Charles. *Tempos difíceis.* São Paulo: Paulinas, 1968. Do mesmo autor e pelas mesmas razões, também se podem ler os célebres romances *David Copperfield, Oliver Twist e As aventuras do sr. Pickwick.*

TWAIN, Mark. *As aventuras de Tom Sawyer.* São Paulo: Brasiliense, 1966.

• Filmes:

Oliver Twist (1948). Adaptação da obra de Charles Dickens, pode proporcionar uma interessante discussão em classe sobre o trabalho infantil e a situação dos orfanatos na Inglaterra.

Daens, um grito de justiça. Filme que retrata o trabalho nas fábricas e a organização dos trabalhadores na Bélgica.

BIBLIOGRAFIA

ASHTON, T. S. *A Revolução Industrial.* Lisboa: Publicações Europa-América, 1971.

BERG, Maxine. *The age of manufactures —* 1700-1820. London: Routledge, 1994, 2ª ed.

BRADSHAW, L. D. (org.). *Visitors to Manchester — A selection of British and foreign visitor's descriptions of Manchester from 1538 to 1865.* Manchester: Neil Richardson, 1987.

DICKENS, Charles. *Tempos difíceis.* São Paulo: Paulinas, 1968.

DYOS, H. J. e WOLFF, Michael (orgs.). *The victorian city.* London: Routledge & Paul Kegan, 1973. v. 1 e 2.

ENGELS, Friedrich. *A situação da classe trabalhadora na Inglaterra.* Porto: Frontamento, 1975.

FROW, Edmund e Ruth. *Robert Owen & Owenism in Manchester & Salford.* Manchester: Working Class Movement Library/Lancashire Community Press, 1986.

GASKELL, Elizabeth. *Mary Barton — A tale of Manchester life.* London: Penguin Books, 1970.

GIROUARD, Mark. *Des villes et des hommes.* Paris: Flammarion, 1987.

KEMP, Tom. *Industrialization in nineteenth century Europe.* London: Longman, 1969.

MARX, Karl. *O capital.* Rio de Janeiro: Civilização Brasileira, 1975.

NEW LANARK CONSERVATION TRUST. *Living in New Lanark,* 1995.

NIXON, Nigel e HILL, Josselin. *Mill life at Styal.* Cheshire: Quarry Bank Mill Trust/Willow Publishing, 1986.

PALMER, Roy (org.). *A touch on the times — Songs of social change —* 1770-1914. Middlesex: Penguin Education Books, 1974.

PARIAS, Louis-Henri. *Historia general del trabajo.* México-Barcelona: Grijalbo, 1965.

ROBERTS, Robert. *The classic slum.* Middlesex: Penguin Books, 1971.

SIMS, George R. *How the poor live and horrible London.* New York: Garland Publishing, 1984.

SMITH, Adam. *A riqueza das nações — Investigação sobre sua natureza e suas causas.* São Paulo: Nova Cultural, 1996.

THOMPSON, Dorothy. *The chartists.* New York: Pantheon Books, 1984.

THOMPSON, E. P. *A formação da classe operária inglesa.* São Paulo: Paz e Terra, 1987. 3 v. (Col. Oficinas da História.)

URE, Andrew. *The philosophy of manufactures or an exposition of the scientific, moral and commercial economy of the factory system of Great Britain.* London: Knigh, 1967.

Os autores

Edgar Salvadori de Decca é doutor em História Social pela Universidade de São Paulo desde 1979, professor da Unicamp (Universidade Estadual de Campinas) e vice-reitor desta instituição no período de 2009 a 2013. Atua em várias revistas científicas como integrante do conselho consultivo ou editorial, como na revista *Estudos Históricos* (da Fundação Getúlio Vargas – RJ), na revista de História da Universidade Estadual de Maringá (PR) e na revista de História da Universidade Federal de Santa Catarina (SC), entre outras.

Bastante produtivo na pesquisa em sua área, Salvadori de Decca publicou dezenas de artigos científicos e trabalhos em anais de eventos, além de ter produzido cerca de 40 capítulos de livros e nove obras. Na área de História, embora transite por temas como classe operária, teoria e filosofia da história e memória, sua ênfase de estudo se dá em História do Brasil República.

Cristina Meneguello é pós-doutora em História, curso concluído em 2000 pela Unicamp (Universidade Estadual de Campinas). Passou parte do seu doutorado estudando em Manchester, na Inglaterra, conhecida como a primeira cidade industrial do mundo. Também na Unicamp, fez seu mestrado (1992) e sua graduação (1988) na mesma área. Em busca de maior aperfeiçoamento, realizou estágio de pós-doutoramento na Universidade de Veneza (IUAV), Itália, em 2005, e na Universidade de Coimbra, Portugal, em 2008. Atualmente é docente do departamento de História da Unicamp.

A autora presidiu, por quatro anos, o Comitê Brasileiro de Preservação do Patrimônio Industrial (TICCIH-Brasil) e atualmente é Diretora Associada do Museu Exploratório de Ciências da Unicamp. Sua experiência está focada em história, cultura visual e preservação do patrimônio, atuando principalmente com preservação, história da imagem e dos meios de comunicação de massa, história urbana e da arquitetura.